TOP TEN

LOS **DIEZ** **LUGARES** MÁS **PELIGROSOS** DEL PLANETA

algar

¡EMPEZAMOS!

NUESTRO PLANETA ESTÁ REPLETO DE LUGARES NATURALES DE LO MÁS ASOMBROSOS. SIN EMBARGO, ALGUNOS DE ELLOS OCULTAN TERRIBLES PELIGROS...

Las condiciones ambientales extremas, los animales agresivos y las indómitas fuerzas de la naturaleza pueden transformar estos lugares aparentemente pacíficos en sitios aterradores. Si te gusta el riesgo, acompáñanos en una aventura como jamás has soñado. Echa un vistazo a nuestro Top Ten y descubre algunos de los lugares más terroríficos del planeta: debemos evitarlos a toda costa o visitarlos con extrema precaución.

**ADVERTENCIA:
¡LIBRO NO APTO PARA CARDÍACOS!**

ARMA LETAL

CURIOSIDAD

Busca estos símbolos para descubrir **CURIOSIDADES** sorprendentes y **PELIGROS** que hacen que estos **DIEZ LUGARES** ¡sean dignos de nuestro **TOP TEN**!

¡EL NIVEL DE PELIGROSIDAD IRÁ CRECIENDO DE LA POSICIÓN **10** AL TERRIBLE NÚMERO **1**!

¡Hola! Me llamo Pipa y soy una paloma mensajera. Mis muchos viajes me han permitido elaborar una lista de lugares verdaderamente escalofriantes... ¿Quieres verlos? ¡Qué valiente! ¡Mucha suerte! ¡Te voy a llevar a los diez lugares más peligrosos del mundo! Pero, antes de empezar, ¡te propongo un pequeño juego! Al final de esta página tienes el nombre de nuestros destinos: intenta adivinar su posición y escribe cada nombre al lado del número que crees que le corresponde. **¡LEYENDO EL LIBRO DESCUBRIRÁS CUÁNTOS HAS ADIVINADO!**

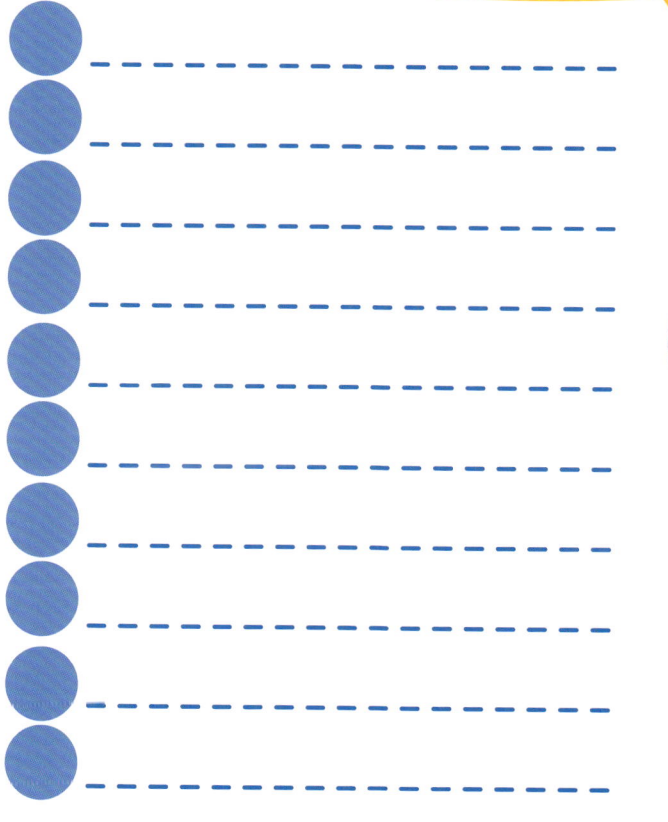

- - - - - - - - - - - - - - - - - - - -

- - - - - - - - - - - - - - - - - - - -

- - - - - - - - - - - - - - - - - - - -

- - - - - - - - - - - - - - - - - - - -

- - - - - - - - - - - - - - - - - - - -

- - - - - - - - - - - - - - - - - - - -

- - - - - - - - - - - - - - - - - - - -

- - - - - - - - - - - - - - - - - - - -

- - - - - - - - - - - - - - - - - - - -

- - - - - - - - - - - - - - - - - - - -

- LAGO NATRÓN
- DESIERTO DE LUT
- DESIERTO DE DANAKIL

- ISLA DE KOMODO
- GÉISER STEAMBOAT
- AGUJERO AZUL
  DE DAHAB

- POZO DE DARVAZÁ
- KAWAH IJEN
- COSTA DE LOS
  ESQUELETOS
- ANTÁRTIDA

COSTA DE LOS ESQUELETOS

LONGITUD: 500 kilómetros
ANCHURA: 40 kilómetros

A primera vista, esta **LARGUÍSIMA PLAYA** bañada por el océano Atlántico no parece tener nada raro. Sin embargo, si te acercas, verás que en ella hay algo que la hace peculiarmente siniestra: miles de **HUESOS** y **ESQUELETOS** desperdigados por la arena. Son los restos de las numerosas **BALLENAS** y criaturas marinas que han ido quedando varadas a lo largo de los años. La playa es, en realidad, un **DESIERTO** en el que no hay ni rastro de agua dulce. No es raro ver depredadores merodeando por las arenas en busca de comida y rebuscando entre los **RESTOS** de los numerosos barcos destruidos por las fuertes corrientes marinas.

CONTINENTE:
África
PAÍSES:
Angola y Namibia

TIPO DE LUGAR:
playa

ARMA LETAL
La presencia de depredadores (hienas, leopardos y guepardos) en la zona y la ausencia de agua dulce.

CURIOSIDAD
Debido al gran número de pecios, esta costa también se considera un «cementerio de barcos».

¿ANTIGUA LEYENDA O REALIDAD?

El **PELIGRO** que emana de ciertos lugares ha dado lugar a leyendas y, aunque el halo de **MISTERIO** que los rodea ha quedado desvelado hace tiempo, sus nombres siguen **DESPERTÁNDONOS UN MIEDO ANCESTRAL**.

¡Preparada para investigar! ¿Te apuntas?

El triángulo de las Bermudas

Se trata de una zona del océano Atlántico situada entre las islas Bermudas, Florida y Puerto Rico. Durante años se han oído historias de barcos y aviones que, al intentar atravesar esta zona, **HAN DESAPARECIDO MISTERIOSAMENTE**, no sin antes haber comunicado que tenían un problema con la brújula. Lleva mucho tiempo sin notificarse ningún nuevo caso.

También se conoce como «triángulo del Diablo».

La mayoría de los expertos modernos no creen que la cantidad de accidentes producidos en la zona sea superior a la de cualquier otra región con un volumen similar de tráfico aéreo y marítimo.

Las columnas de Hércules

Los promontorios del estrecho de **GIBRALTAR**, que conecta el mar Mediterráneo con el océano Atlántico, se identificaron en la mitología griega como «las columnas de Hércules».

Antaño se consideraron el límite del mundo, el punto a partir del cual no podían adentrarse los humanos.

Según Platón, más allá de las columnas de Hércules se encuentra la legendaria isla de la Atlántida.

Los tres cabos

La leyenda de los **TRES GRANDES CABOS** se forjó hace muchos años. A lo largo de los siglos, un sinfín de marineros perdieron la vida circunnavegando el cabo de Buena Esperanza (África), el cabo Leeuwin (Australia) y el cabo de Hornos (Sudamérica). En estos tres puntos, **LOS OCÉANOS CHOCAN ENTRE SÍ CON UNA FUERZA BRUTAL**.

Cabo de Hornos

Las gigantescas olas y los fuertes vientos dificultan mucho la navegación incluso en la actualidad.

PUESTO
9

GÉISER STEAMBOAT

NÚMERO DE GÉISERES ACTIVOS EN YELLOWSTONE:
más de 200

¡Cómo se le calienta la boca! ¿Lo pillas?

Este accidente geotérmico del **PARQUE NACIONAL DE YELLOWSTONE** es, en realidad, una de las atracciones turísticas más **PELIGROSAS** del planeta. Además de seguir activo, es el **GÉISER MÁS ALTO DEL MUNDO**, ya que lanza chorros de agua y vapor de más de 90 metros de altura. Puede «despertarse» en cualquier momento, incluso cuando menos te lo esperas. Si quieres visitarlo, no debes salirte de los senderos señalizados ya que, de lo contrario, podrías **HUNDIRTE** y quemarte los **PIES** con las abrasadoras aguas subterráneas, que pueden superar los 120 °C.

CONTINENTE:
Norteamérica
PAÍS:
Estados Unidos

TIPO DE LUGAR:
zona geotérmica

ARMA LETAL
Puede lanzar chorros
de vapor en cualquier
momento, y las aguas
subterráneas están hirviendo.

CURIOSIDAD
Las erupciones de agua pueden
durar hasta 40 minutos, y los
posteriores chorros de vapor llegan
a prolongarse durante días.

UNA AMENAZA SUBTERRÁNEA

Los **VOLCANES** son una fuerza impredecible e incontrolable de la naturaleza. Su actividad puede tener efectos **DEVASTADORES**. Sus explosivas erupciones pueden llegar a liberar una energía **500 VECES SUPERIOR A LA DE UNA BOMBA ATÓMICA**.

Volcanes explosivos

Uno de los volcanes más devastadores de la historia es el **TAMBORA** (Indonesia), que entró en erupción en 1815 y produjo explosiones, chorros de lava al rojo vivo, gases tóxicos y abrasadoras nubes que arrasaron la región y diezmaron la población. Casi 70 años después, Indonesia también sufrió la violenta explosión del **KRAKATOA**.

¡El KRAKATOA tiene una personalidad explosiva!

Volcanes con mucha lava

Muchos volcanes, como los de **HAWÁI**, producen grandes cantidades de lava, la cual mana sin llegar a explotar. En cualquier caso, si la cantidad de lava es excesiva, la situación puede volverse muy **PELIGROSA**.

Durante la última erupción del KILAUEA, el riesgo de emanaciones tóxicas llevó a que se evacuara a la población.

Volcanes submarinos y tsunamis

Cuando se trata de volcanes submarinos, ¡el auténtico **PELIGRO** viene del mar! Las grandes erupciones submarinas pueden provocar **TSUNAMIS**, que son **OLAS DE UN TAMAÑO DESCOMUNAL** que se desplazan a velocidades inusualmente elevadas e impactan en la costa con efectos desastrosos.

El volcán Hunga Tonga-Hunga Ha'apai, situado en el fondo del océano Pacífico, entró en erupción el 15 de enero de 2022 y provocó enormes olas que alcanzaron tanto la costa japonesa como la del continente americano.

8 LAGO NATRÓN

ALTITUD:
600 metros
PROFUNDIDAD MÁXIMA:
3 metros

Eh, un momento...
¡Esos puntos rosa del lago son flamencos!
¡Hola, primos!

Su inusual color **ROJO** lo convierte en un singular y maravilloso lago. Pero esta belleza también puede ser **LETAL**: ¡cuidado con nadar en él!
Sus saladas aguas pueden alcanzar una **TEMPERATURA DE 60 °C** y son sumamente corrosivas. La amenazante naturaleza de este lago se debe a un **VOLCÁN** cercano del que mana una **LAVA** tóxica cuando entra en erupción.
Los animales que caen en estas aguas suelen quedar atrapados en ellas y poco a poco se les va incrustando una dura costra pétrea que los **MOMIFICA**.

CONTINENTE:
África
PAÍS:
Tanzania

TIPO DE LUGAR:
lago

ARMA LETAL

Las aguas del lago Natrón son sumamente saladas y casi tan corrosivas como el amoniaco.

CURIOSIDAD

Uno de los pocos animales que pueden vivir en este lago es el flamenco, el cual se cuenta por miles en él.

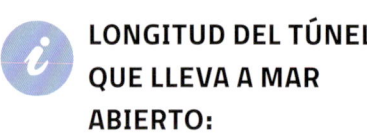

PUESTO 7 AGUJERO AZUL DE DAHAB

LONGITUD DEL TÚNEL QUE LLEVA A MAR ABIERTO:
26 metros

¡Vaya! ¡Sí que es profundo!

Aunque explorar el fondo marino es siempre una aventura, aquí puede convertirse en un **PELIGRO**. Este **ABISMO** natural tiene cientos de metros de profundidad y está circundado por un precioso arrecife de coral. Se trata de un **AGUJERO CIRCULAR** de color azul brillante situado en medio del mar. Por desgracia, también puede ser una **TRAMPA MORTAL** para quienes se sumergen demasiado en él.
Aquí es muy fácil **PERDER EL SENTIDO DE LA ORIENTACIÓN**, sin el cual no se puede encontrar la salida.

CONTINENTE:
África
PAÍS:
Egipto

TIPO DE LUGAR:
socavón submarino

14

ARMA LETAL
Es una trampa para
los buceadores que intentan
cruzar el túnel submarino.

CURIOSIDAD
Sus aguas están
repletas de bellos
peces tropicales.

LAS FUERZAS SUBMARINAS

Las aguas marinas están siempre **MOVIÉNDOSE**, a veces con una fuerza inconcebible, a lo largo de todo el planeta. Las desplazan unas fuertes **CORRIENTES** que transfieren energía a través de las **OLAS**. La altura de estas aguas sube y baja cada día a causa de las **MAREAS**.

¡El movimiento del mar puede ser peligroso!

Olas gigantes

Aunque a los surfistas les encantan las **OLAS GIGANTES**, la verdad es que da **MIEDO** cuando se te echa una encima. Algunas de las olas más grandes se encuentran en **PE'AHI** (Maui, una de las islas de Hawái). El lugar se conoce con el sobrenombre de **JAWS** porque sus olas, que pueden superar los 18 metros de altura, son imprevisiblemente peligrosas, como la boca (*jaws*, en inglés) de un **TIBURÓN**.

Los tsunamis (olas anormales provocadas por un terremoto en las profundidades del agua) pueden alcanzar los 700 kilómetros por hora.

El punto más alto de la ola se llama «cresta».

Mareas imprevistas

Hay lugares en los que las mareas suben o bajan de forma súbita y mucho más rápido de lo esperable. La playa **ZIPOLITE**, en México, por ejemplo, también se conoce como **PLAYA DE LA MUERTE**. Un relajante baño en sus aguas puede convertirse de repente en una pesadilla cuando estas **SE RETIRAN RÁPIDAMENTE** y se llevan todo consigo.

En situaciones extremas, a los nadadores les resulta casi imposible llegar a la orilla a tiempo para salvarse.

Las mareas están determinadas por la atracción gravitatoria de la Luna sobre la Tierra.

Corrientes peligrosas

Las **CORRIENTES SUBMARINAS** suelen ser una trampa para los bañistas, los cuales pueden quedar atrapados en medio de una y verse arrastrados sin ni siquiera darse cuenta de lo que ha ocurrido. Uno de los ejemplos más peligrosos se encuentra en la hermosa playa de Hanakapi'ai, en la isla hawaiana de Kauai. Por desgracia, no hay forma de protegerse frente a estas corrientes, que te pueden arrastrar a más de 10 kilómetros.

Antiguamente se creía que los remolinos, o vórtices, eran obra de monstruos marinos.

Las corrientes recorren todos los mares y los conectan entre sí.

6 KAWAH IJEN

ALTITUD:
600 metros

¡No veas cómo huele el AZUFRE!

Aunque todos los volcanes suponen un riesgo, ¡el **KAWAH IJEN** es aún más peligroso de lo habitual! Además de **LAVA**, no para de eructar gases **SULFUROSOS**.

Estos vapores, tremendamente **PESTILENTES** y muy **TÓXICOS**, hacen el aire irrespirable. Si se quiere visitar la cima y no morir de asfixia, hay que llevar **MÁSCARA DE GAS**. Dentro del cráter se puede admirar un hermoso lago turquesa, cuyo color no se debe al agua, sino a que rezuma **ÁCIDO HIDROCLÓRICO**, que es venenoso.

CONTINENTE:
Asia
PAÍS:
Java, Indonesia

TIPO DE LUGAR:
volcán

ARMA LETAL

Además de emanar
gases tóxicos, tiene
un lago de ácido
en la cima.

CURIOSIDAD

Por la noche se puede ver
el parpadeo de las llamas
azules que provocan
los gases sulfurosos
al combustionar.

ISLA DE KOMODO

EXTENSIÓN:
391 kilómetros
cuadrados

¡Ostras!
Yo me voy a
esconder por ahí,
¿vale?

Desembarcar en esta isla significa adentrarse en el territorio de uno de los reptiles más grandes y agresivos del mundo: el **DRAGÓN DE KOMODO**, un ser de aspecto prehistórico que pesa más de 100 kilogramos y puede llegar a medir 3 metros. El enorme cuerpo de este animal, que ataca todo aquello de lo que pueda alimentarse, no le impide moverse con **EXTREMA VELOCIDAD**. Su mordedura es 5 veces más potente que la nuestra, y está considerado uno de los depredadores más temibles del reino animal, ya que puede causar heridas muy graves e incluso la **MUERTE**.

CONTINENTE:
Asia
PAÍS:
Indonesia

TIPO DE LUGAR:
isla

ARMA LETAL

La saliva del dragón contiene una sustancia que impide que la sangre se coagule, por lo que la víctima sigue sangrando mucho después de la mordedura.

CURIOSIDAD

Siempre y cuando no te topes con sus enormes reptiles, ¡Komodo es un lugar estupendo! Su playa más famosa es de color rosa a causa de los diminutos fragmentos de coral rojo que hay entre la blanca arena.

¡UNA FAUNA MUY PELIGROSA!

¡Está claro que NO os referís a mí!

Algunos lugares resultan peligrosos porque viven en ellos **ANIMALES LETALES** que pueden **ATACAR** a los humanos.

La isla reptante

La brasileña isla de las Cobras está repleta de **SERPIENTES DE MORDEDURA MORTAL**. El lugar es tan peligroso que las autoridades brasileñas lo han cerrado al público y solo unas cuantas personas pueden pisarlo.

Es el hogar de miles de serpientes cabeza de lanza dorada, una de las especies de serpiente más venenosas.

¡En la isla solo viven serpientes!

¡Sal del agua!

Aunque hay muchas playas de Sudáfrica que son peligrosas por los tiburones, la **PLAYA DE GANSBAAI** son palabras mayores: todo este tramo de costa se ha ganado el título de **CAPITAL MUNDIAL DEL GRAN TIBURÓN BLANCO**.

Los tiburones se acercan mucho a la orilla.

¿La mayor amenaza para los tiburones? ¡Pues las personas!

¡Cuidado con los osos!

¿Ositos de peluche? ¡En absoluto! ¡Hablamos de osos polares! Estos amos de los hielos del círculo polar ártico son los mayores **DEPREDADORES** terrestres que existen. Cada vez se dan más encuentros **FATALES** entre personas y osos polares, sobre todo cuando estos están asustados o **HAMBRIENTOS**.

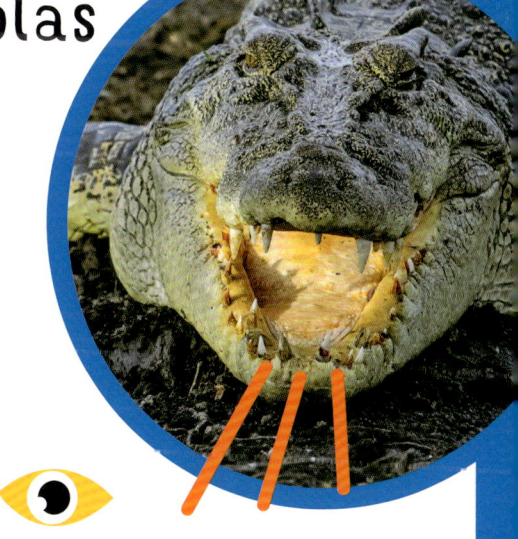

El oso polar es la especie de oso más carnívora.

Tener la piel negra les permite absorber el calor del sol.

Peligro entre las olas

En las aguas costeras que rodean la ciudad australiana de Darwin, viven numerosos cocodrilos marinos. Estos **ANIMALES AGRESIVOS** se mueven con facilidad incluso en el agua, donde es habitual que **ATAQUEN**. Si alguna vez estás por la zona y te apetece darte un chapuzón, es mejor que lo hagas en una piscina...

¡Este reptil ostenta el récord de la mordedura más potente de la que se tiene constancia!

El cocodrilo marino es el reptil más grande del mundo.

4

DESIERTO DE LUT

ℹ️ **EXTENSIÓN:**
51 800 kilómetros cuadrados

¡Hace tanto calor que hasta se me caen las plumas!

¡Estar aquí es como estar dentro de un **HORNO CALIENTE**! La combinación de **CALOR EXTREMO** y ausencia de lluvias hace que este desierto resulte especialmente inhóspito.

Lo único que abunda es la arena y la grava caliente. Para visitar este lugar, además de mucho **VALOR**, hace falta mucha comida, agua, combustible y todo lo que se pueda necesitar durante el viaje, porque aquí no hay **NI UN ALMA**.

En el verano de 2005, en este lugar se alcanzó la temperatura récord de 70,7 °C.

CONTINENTE:
Asia
PAÍS:
Irán

TIPO DE LUGAR:
desierto

ARMA LETAL
Hace un calor extremo
y asfixiante.

CURIOSIDAD
En persa, la palabra *lut*
significa 'vacío'.

¡CALOR EXTREMO!

¿Cuáles son los lugares más calientes de la Tierra? Si has pensado en los desiertos, has acertado. Además de ser secos, casi siempre son excepcionalmente calurosos; a veces, incluso abrasadores.

EN ALGUNOS SE ALCANZAN TEMPERATURAS VERDADERAMENTE EXTREMAS. EN ELLOS, LA DESHIDRATACIÓN Y LA INSOLACIÓN SON FRECUENTES Y LETALES.

¡Ay! ¡Cómo quema!

Valle de la Muerte

El VALLE DE LA MUERTE, situado en el desierto californiano de Mojave, hace honor a su nombre: lo recorre un **AIRE ABRASADOR** que dificulta la respiración, y, además, la ausencia de agua potable es un auténtico problema para quien se aventure a atravesarlo.

Por si fuera poco, también alberga muchas serpientes de cascabel, lo que hace que el lugar sea aún más peligroso.

Badlands

Australia es famosa por su naturaleza salvaje, pero también por tener un clima muy cálido y seco.
La región de Queensland alberga las **BADLANDS** (literalmente 'malas tierras'), que es una de las zonas **MÁS SECAS** e **INHÓSPITAS** de Australia. Los rayos del sol achicharran el suelo y las temperaturas superan los 60 °C.

Uno de los pocos animales que pueden vivir en este abrasador clima es el taipán del interior, la serpiente más venenosa del mundo.

Montañas Flameantes

Las **MONTAÑAS FLAMEANTES**, situadas cerca de la ciudad china de Turfán, no son cualquier cosa en lo que a calor se refiere. A determinadas horas del día, bajo un **SOL ABRASADOR**, las laderas, erosionadas por el viento, parecen «**ARDER**» en **LLAMARADAS** de, en función de la luz, tonos rojos, naranjas y amarillos.

En verano, la temperatura puede alcanzar los 70-80 °C con facilidad.

ANTÁRTIDA

EXTENSIÓN:
14,2 millones de
kilómetros cuadrados

¡Brrr, qué frío!

La Antártida es el continente que rodea el polo sur. Casi toda su superficie está cubierta de hielo y nieve; por esta razón es un lugar sumamente **FRÍO**. Pero ¿sabrías decir cuánto frío hace exactamente? La gélida meseta que se alza en el centro de la **ANTÁRTIDA** pondrá a prueba tu capacidad para resistirte a morir congelado: en ella, las temperaturas invernales pueden llegar a los –98 °C, condiciones que nunca se han alcanzado en ningún otro lugar de la Tierra. ¡Vamos, que aquí ni un buen abrigo te protegerá del frío!

CONTINENTE:
Antártida

TIPO DE LUGAR:
casquete polar

ARMA LETAL

El aire es increíblemente seco, y cada vez que se respira es como si se tragaran agujas heladas.

CURIOSIDAD

Dado que recibe muy pocas precipitaciones anuales, ¡en cierto sentido la Antártida se puede considerar un desierto!

HELADOS DE MIEDO

En la tierra del **HIELO**, el gélido aire quema la piel expuesta, y el aire que se respira parece atravesar la garganta como cientos de agujas. El frío extremo **HIELA LA SANGRE** en las venas y atraviesa la ropa hasta llegar a los huesos.

PESE AL ENORME PELIGRO DE MUERTE QUE ENTRAÑAN ESTOS LUGARES, LOS HUMANOS HAN CONSEGUIDO CONSTRUIR EN ELLOS VARIAS ESTACIONES DE INVESTIGACIÓN.

¡Hace demasiado frío para mí!

¡Nieve instantánea!

En lugares como este, basta con lanzar un poco de agua al aire para tener tu propia **NIEVE INSTANTÁNEA**. En cuanto las gotas de agua entran en contacto con el gélido aire, se **CONGELAN** y dan lugar a una «fuente» de cristales de nieve.

Cuando los vientos son muy fríos (−27 °C), incluso la piel expuesta puede congelarse en menos de 30 minutos.

¡Unos meteorólogos valientes!

La labor de los meteorólogos de la base de investigación **EUREKA**, situada en la isla de **ELLESMERE**, en el círculo polar ártico, resulta complicada. Es allí donde se registran las temperaturas más bajas de todo el territorio canadiense. Además, desde mediados de octubre hasta finales de febrero, **NO SALE NUNCA EL SOL** y la estación se pasa las 24 horas del día sumida en la **OSCURIDAD TOTAL**.

El pueblo más frío del mundo

Tiene 1000 habitantes.

El pueblo siberiano de **OIMIAKÓN** está considerado el lugar habitado más frío del mundo. Durante el **LARGUÍSIMO INVIERNO**, los habitantes soportan potentes **VIENTOS POLARES** y duras temperaturas que suelen bajar de los –60 °C.

DESIERTO DE DANAKIL

i **ALTITUD:**
–100 metros (está
bajo el nivel del mar)

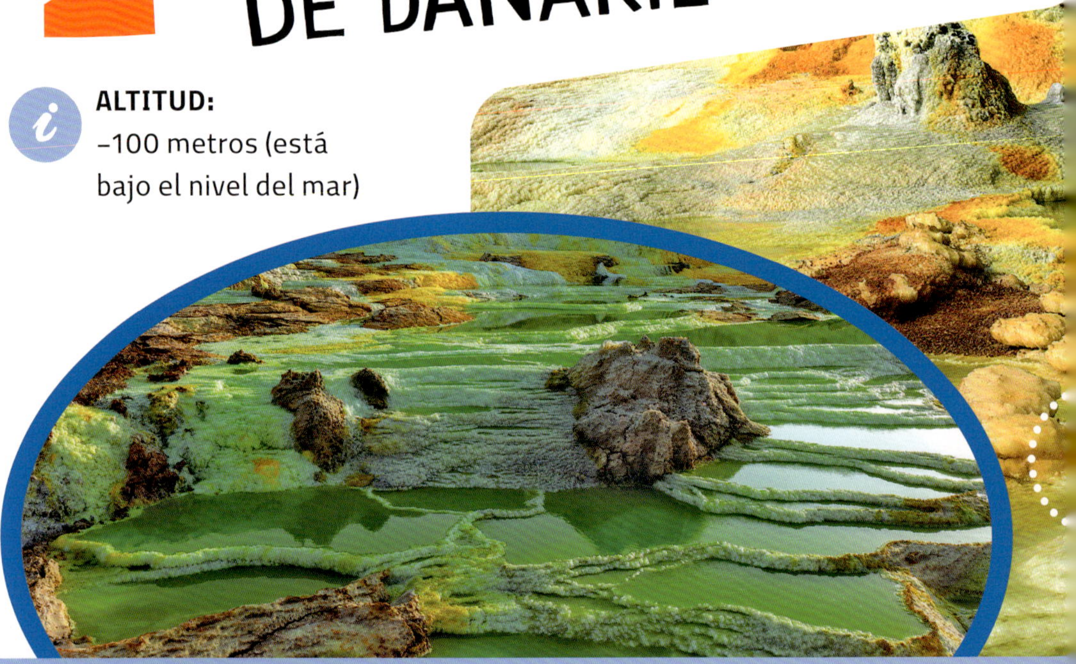

Este no es un desierto normal. Además de que la temperatura del aire rara vez baja de los 50 °C, esta región es una **ZONA VOLCÁNICA** con abundantes **TERREMOTOS**. Sus fuentes termales, de colores iridiscentes, sueltan al aire **VAPORES DE AZUFRE** de especial pestilencia, ácidos y **VENENOSOS**. Estos vapores, y otros gases altamente tóxicos, hacen que el aire sea irrespirable y que este lugar casi deshabitado sea uno de los más **ATERRADORES DEL MUNDO**. Viajar al lugar, aunque sea durante poco tiempo, supone un riesgo para la salud.

CONTINENTE:
África
PAÍS:
Etiopía

TIPO DE LUGAR:
desierto

ARMA LETAL
Emana gases tóxicos y alcanza temperaturas excepcionalmente altas.

CURIOSIDAD
En esta región se encuentra el Erta Ale, uno de los volcanes más activos del mundo.

1

POZO DE DARVAZÁ

DIÁMETRO DEL CRÁTER:
70 metros

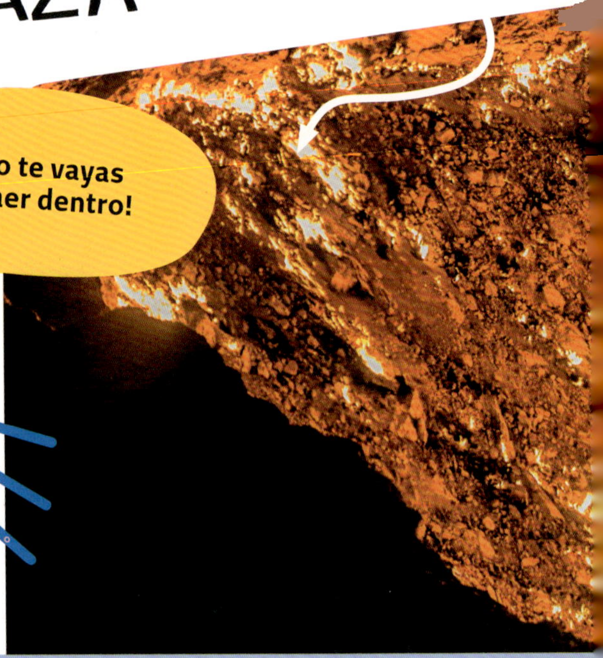

¡No te vayas a caer dentro!

El hecho de que esta grieta en la corteza terrestre del desierto de **KARAKUM** parezca llevar de verdad al **AVERNO** hace que los lugareños la conozcan como la **PUERTA DEL INFIERNO**. Se trata de un lugar **MUY PELIGROSO** que, en realidad, es un enorme depósito natural de gas **METANO** cuya apertura tiene el tamaño de un campo de fútbol. Para evitar que el gas se filtrara a la atmósfera, se le prendió fuego en 1971, ¡año desde el que lleva ardiendo sin parar!

CONTINENTE:
Asia
PAÍS:
Turkmenistán

TIPO DE LUGAR:
cráter gaseoso

ARMA LETAL

El cráter puede explotar
en cualquier momento.

CURIOSIDAD

De noche, la luz que emana
del cráter puede verse a
kilómetros de distancia.

PREGUNTAS PELIGROSAS

INTENTA RESPONDER A ESTAS PREGUNTAS. NO TE PREOCUPES SI TE EQUIVOCAS: ¡TIENES LAS RESPUESTAS EN LA PÁGINA SIGUIENTE!

1- ¿QUÉ CARACTERÍSTICA TIENE LA COSTA DE LOS ESQUELETOS QUE LA HACE AÚN MÁS ATERRADORA?

A. Sufre frecuentes terremotos.

B. Es habitual que haya una gran y espesa niebla.

C. Crecen plantas en ella.

2- ¿QUÉ PROVOCA LA ERUPCIÓN DE LOS GÉISERES?

A. El vapor de agua.

B. La atracción de la Luna.

C. La vegetación.

3- ¿QUÉ ANIMALES PUEDEN SOBREVIVIR A ORILLAS DEL LAGO NATRÓN?

A. Los babuinos.

B. Los flamencos.

C. Las salamandras.

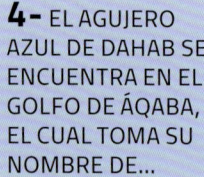

4- EL AGUJERO AZUL DE DAHAB SE ENCUENTRA EN EL GOLFO DE ÁQABA, EL CUAL TOMA SU NOMBRE DE...

A. Una mezquita.

B. Un rey.

C. Una ciudad.

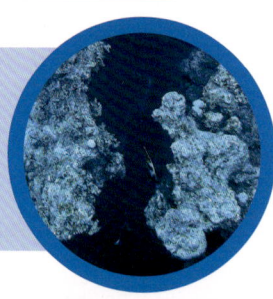

5- ¿CUÁL ES LA PRINCIPAL FUENTE DE TRABAJO DE LOS HABITANTES DEL VOLCÁN KAWAH IJEN?

A. La minería.

B. La cría de animales.

C. La agricultura.

6- ¿CUÁL ES LA MEJOR MANERA DE ESCAPAR DE UN DRAGÓN DE KOMODO?

A. Ir cuesta arriba.

B. Zigzaguear.

C. Ir hacia atrás.

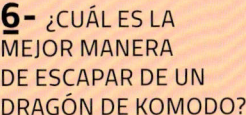

7- EL DESIERTO DE LUT ES FAMOSO POR SUS *KALUTS*. PERO ¿QUÉ SON?

A. Pequeños insectos.

B. Lugareños.

C. Formaciones rocosas.

8- ADEMÁS DEL FRÍO, ¿QUÉ OTRO RASGO DISTINTIVO TIENE LA ANTÁRTIDA?

A. Las intensas nevadas.

B. Las violentas tormentas marinas.

C. Los fuertes vientos.

9- ¿A QUÉ ALTITUD ESTÁ EL DESIERTO DE DANAKIL?

A. –100 metros.

B. 0 metros (al nivel del mar).

C. 1 000 metros.

10- ¿QUÉ FUE LO QUE PRODUJO EL POZO DE DARVAZÁ?

A. La erosión del suelo.

B. Un accidente.

C. Un terremoto.

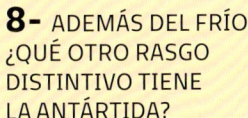
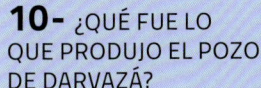

RESPUESTAS
PELIGROSAS

Esta playa es el punto de encuentro entre un gélido mar y el desierto. Esta diferencia térmica entre ambos entornos hace que se genere niebla.

Cuando el agua de lluvia se filtra a través de la tierra y penetra profundamente en el suelo hasta entrar en contacto con rocas calentadas por el magma, se generan grandes cantidades de vapor, las cuales producen una fuerza explosiva.

Los flamencos pueden vivir en las corrosivas y abrasadoras aguas del lago gracias a que su dura piel y sus patas escamosas los hacen resistentes a las quemaduras.

Áqaba es la única ciudad de Jordania que da al golfo.

El volcán cuenta con numerosas minas de azufre, en las que los lugareños se juegan la vida a diario para extraer el mineral.

Estos reptiles solo corren en línea recta, por lo que si zigzagueas no tardan en dejar de perseguirte.

Los *kaluts* son formaciones que genera el viento al darle forma a la roca, la arena y la sal.

La Antártida es el continente más ventoso. El viento puede llegar a alcanzar los 320 kilómetros por hora en algunas partes.

Danakil se encuentra en una depresión de la corteza terrestre que está bajo el nivel del mar.

El pozo se formó a causa de un accidente de perforación que provocó el derrumbe del techo de una cueva de gas.

CRISTINA BANFI

Licenciada en Ciencias Naturales por la Universidad de Milán, ha enseñado en varias instituciones escolares. Hace más de 20 años que trabaja en comunicación científica y ludodidáctica, y ha escrito varios libros, tanto didácticos como divulgativos, especialmente para el público infantil y juvenil. En los últimos años, ha publicado varios títulos para White Star.

Título original: *Top Ten: The Most Dangerous Places on Earth*
© Diseñado por White Star s.r.l. 2024
WS White Star Kids® es una marca comercial propiedad de White Star s.r.l.
Piazzale Luigi Cadorna, 6
20123 Milán, Italia
www.whitestar.it
© Traducción: Antonio Díaz Pérez, 2024
© Algar Editorial
Apartado de correos 225 - 46600 Alzira
www.algareditorial.com
Impreso en la RPC

1.ª edición: noviembre, 2025
ISBN: 978-84-9142-774-2
DL: V-3649-2024